BD PTÉD 5A

Je lis mes premières histoires

Pieter van Oudheusden

Dessins de Paul De Becker, Stijn Claes, ivan & ilia,
Gerd Stoop et Hilde Van Craen

CHANTECLER

Sommaire

À la recherche de Filou

Où est Filou ?

Toc toc toc toc toc.
Un pivert cogne sur un arbre.
À part cela, tout est calme.
Il n'y a pas un bruit.
Le ciel est tout bleu, sans nuage.
Alex et Lucas sont devant la tente.
C'est là que dorment les parents de Lucas.
Ils sont encore fatigués du voyage.
« Sais-tu ce qu'on peut faire ? »
demande Lucas.
Alex est en train de lire.
« Prends donc un livre », dit-il.
« Non, je n'ai pas envie de lire. »
Alex est le meilleur ami de Lucas.
C'est pour ça qu'il a pu les accompagner.
« C'est bien d'avoir un copain avec soi,
avait dit le papa de Lucas.
Comme ça on ne s'ennuie pas. »
Eh bien, il avait tort !

« Je m'ennuie ici », dit Lucas.

Il regarde autour de lui.

« Dis, où est passé Filou ? »

« Ça, j'en sais rien », dit Alex.

Et il continue à lire.

Filou est le chien de Lucas.

Enfin, c'est aussi le chien de son papa
et de sa maman.

Son pelage est tout blanc
quand il vient de prendre son bain.
Mais il ne reste jamais blanc longtemps.
« Quel idiot, ce chien, dit Lucas.
Il n'arrête pas de faire des fugues ! »
« Il s'est peut-être perdu, dit Alex
en refermant son livre.
Ou il est tombé dans un puits.
Ou bien il s'est cassé une patte.
On ne sait jamais. »
Lucas devient tout pâle.
« Dis, ça pourrait être grave, dit-il.
Pauvre Filou, il faut faire quelque chose. »
Lucas entre dans la tente de ses parents.
Il doit les prévenir !

« Papa ! Maman ! »

Il secoue son papa.

« Hmm, qu'est-ce qu'il y a ? »

demande papa en bâillant.

« Filou a disparu, dit Lucas.

Venez, il faut partir à sa recherche. »

« Pas maintenant, dit papa.

Je suis mort de fatigue.

Il reviendra bien tout seul. »

Et papa retombe endormi !

« Eh bien, merci de m'aider ! grogne Lucas.

Ce n'est pas gai d'avoir un papa comme ça. »

Il ressort de la tente.

« Et ? » demande Alex.

« Viens, on va dans la forêt chercher Filou. »

« Bonne idée, dit Alex.

Mais tu ne préviens pas ton papa ? »

« Non, il dort », dit Lucas.

Dans le sac à dos, ils prennent :

la trousse de secours,

une lampe de poche, une longue corde,

une bouteille de limonade, des biscuits

et un sac avec des bonbons.

Puis ils se mettent en route.

« On va de quel côté ? » demande Alex.

« Euh », dit Lucas, et il réfléchit.

Il ne sait pas.

« Par là », dit-il enfin.

Il montre un petit chemin dans le bois.

À la recherche de Filou

« Passe devant », dit Alex.

« Pourquoi ? » demande Lucas.

« Parce que c'est moi qui porte le sac à dos »,
dit Alex.

Le chemin est en pente.

Le soleil brille à travers les branches.

De temps en temps, Lucas crie : « Filou !

Filou, où es-tu ?

Allez, viens mon chien, viens ! »

Mais pas de trace de Filou.

« On le trouvera bien », dit Alex.

« Oui », dit Lucas.

« Mais je suis fatigué, Lucas.

Et j'ai faim.

Il est temps de s'arrêter un peu. »

Alex s'assied sur une grosse pierre
et jette un œil dans le sac à dos.

« Tu veux un biscuit
et un peu de limonade ? »
« Oui, je veux bien », dit Lucas.

Lucas est assis dans la mousse.

Il boit à la bouteille.

Glou glou glou.

Soudain, il fait un renvoi !

« Beurk, quel impoli ! dit Alex.

J'ai soif aussi. »

« Depuis combien de temps on est partis ?

demande Alex.

Une demi-heure ?

Une heure, tu crois ? »

« Qu'est-ce qu'il y a ? demande Lucas.

Tu veux rentrer, c'est ça ?

Sans Filou ?

Si tu veux y aller, vas-y.

Ça m'est égal. »

« Non, non, dit Alex.

Je continue, comme toi. »

« Tu n'as quand même pas peur ? »

demande Lucas.

« Peur, moi ? dit Alex.

Je ne connais même pas ce mot ! »

Il attrape le sac à dos.

« Alors, Lucas, tu viens ?

On y va ! »

La bête

Ils marchent dans le bois.
Toujours aucune trace de Filou.
« Hé, Lucas, crie Alex.
Tu veux bien porter un peu le sac à dos ? »
« Bien sûr », dit Lucas.
Mais, au moment où Alex veut lui donner
le sac, il entend quelque chose.
Et Lucas aussi.
Ils ne bougent plus...
Une branche craque,
un buisson bouge...
Un animal grogne
et renifle.
Il est tout près d'eux !
Soudain, ils aperçoivent
une touffe de poils bruns hirsutes,
une corne, un regard méchant...
« On s'en va d'ici, vite ! » hurle Lucas.

Il court et court.

Il tombe, se relève, recommence à courir.

« Attends-moi, crie Alex.

Je ne cours pas aussi vite que toi ! »

Le sac danse sur son dos.

Il halète, à bout de souffle.

Son cœur bat à tout rompre.

Au bout d'un moment, Alex le rattrape.

Lucas est assis dans un arbre.

« Elle est encore là, la bête ? » demande-t-il.

Alex regarde autour de lui.

« Non, rien à signaler, dit-il, essoufflé.

Elle est partie.

Dis, Lucas, tu sais où on est ? »

Lucas scrute les alentours.

« Non, je ne vois que la forêt. »

Alex dit : « Alors on est perdus.

Qu'est-ce qu'on fait ? »

« Bonne question », dit Lucas.

La nuit tombe

Le soleil se couche.

Alex frissonne.

Si au moins il avait un blouson.

Il se fait tard, pense-t-il.

Plus que quelques heures et il fera nuit.

« Qu'est-ce que j'ai faim ! » se plaint Lucas.

Alex regarde dans le sac à dos.

« Il y a encore des petits bonbons », dit-il.

« Donne ! » dit Lucas.

Mais qu'est-ce qu'Alex entend ?
C'est Lucas qui pleure en silence.
« Qu'est-ce qu'il y a ? demande Alex.
Tu as peur ? »
« Non, dit Lucas.
Ou plutôt si, un peu.
Il fait tellement noir. »
« Courage, dit Alex.
Dormons quelque part.
On verra demain. »
Alex prend la lampe
de poche et l'allume.

La maison dans la forêt

Lucas demande :
« Où va-t-on dormir ? »
« Je ne sais pas, dit Alex.
Dans une cabane par exemple. »
Il éclaire autour de lui.
Il aperçoit un chemin assez large.
« Viens, dit Alex.
Ce chemin mène sûrement quelque part. »
Et il a raison !
Le chemin les mène à une vieille maison.
Tout est éteint.
Elle a l'air vide.
« Cet endroit me donne la chair de poule,
dit Lucas.
C'est sûrement une sorcière qui habite ici.
Ou une vieille dame avec une verrue
sur le nez.
Elle va nous manger tout crus. »

Alex regarde par la fenêtre.

« Pas âme qui vive, et pas de sorcière non plus. »

Il pousse la porte.

Elle n'est pas fermée à clé.

Il fait signe à Lucas : « Viens.

À moins que tu veuilles dormir dans le bois ? »

« Toi d'abord », dit Lucas en tremblant.

Le chien policier

Alex éternue.

La poussière lui pique le nez.

Le plancher craque sous leurs pieds.

Par la fenêtre passe la lueur de la lune.

Son ami reste près de lui.

« Viens, Lucas, dit Alex.

Prends ma main.

Ça va te donner du courage. »

Lucas agrippe sa main.

« Y a-t-il un lit ? » demande Alex.

« Peut-être, mais il sera très sale »,

dit Lucas.

« J'entends quelque chose ! »
dit soudain Alex.
Un animal gémit dans la forêt, tout près.
Alex regarde par la fenêtre et dit :
« À mon avis, c'est... »

« ... un loup-garou ! s'écrie Lucas.

Et il vient par ici ! »

Il est tout pâle.

Soudain, ils voient une petite lumière

qui danse dans la forêt.

Elle se dirige droit vers la maison.

« J'entends autre chose, dit Alex.

Une voix, la voix d'une personne !

Ce n'est pas un loup-garou.

C'est Filou !

Ton papa et ta maman sont avec lui. »

« Lucas ! Alex ! » crie une voix.

Lucas se précipite dehors, ainsi qu'Alex.

Maman les serre dans ses bras.

Elle leur fait un câlin.

« Je suis si heureuse, si heureuse », dit-elle.
Elle embrasse Lucas, encore et encore.
Puis Alex aussi.
Papa les enlace tendrement tous les trois :
maman, Lucas et Alex.
« Nous sommes à nouveau réunis », dit-il.

Filou court joyeusement autour d'eux,
en jappant bruyamment.
« C'est Filou qui nous a amenés ici,
dit papa. Remercie-le, Lucas.
Il a senti vos traces, à Alex et à toi. »
Lucas caresse Filou.

« Je suis fier de toi, mon chien.
Tu es un vrai chien policier.
Mais ne t'en va plus jamais, hein ! »
« Hmmm, dit papa.
Tu entends qui dit ça !
Allez, on retourne à la tente,
et dodo dans vos sacs de couchage ! »

Ma maîtresse est bizarre

Madame Laura

La maîtresse ferme la porte de la classe.
« Bonjour, dit-elle.
Cette année, c'est moi votre maîtresse.
Je m'appelle Madame Dupuis.
Mais chez moi on m'appelle Laura.
Vous pouvez aussi m'appeler Laura
ou plutôt Madame Laura. »
Pour une grande personne, elle est petite.
Elle a l'air un peu étrange.
Elle porte une casquette sur la tête.
C'est une casquette mauve
beaucoup trop grande pour elle.
Ses cheveux roux sont tout bouclés.
Elle a vraiment des cheveux en broussaille.
Peut-être n'a-t-elle pas de peigne ?
Elle prend une liste dans son sac.

« Dites-moi votre prénom », dit-elle.

« Je m'appelle Luc », dit Luc.

« Je m'appelle Nora », dit Nora.

« Je m'appelle Cédric », dis-je.

Madame Laura prend une boîte
dans son tiroir.
« J'ai envie d'un biscuit, dit-elle.
Qui en veut aussi ? »
Chaque enfant reçoit un biscuit.
« Miam-miam », dit la maîtresse.

Elle regarde par la fenêtre.
« J'ai une idée, dit-elle.
Il fait beau, le soleil brille.
On va au parc.
On apprendra plus de
choses qu'en classe. »

Dans le parc

Le parc n'est pas très loin.
Nous sommes déjà arrivés.
Il fait bien calme dans le parc.
Je vois une dame avec un enfant.
Un homme est assis sur un banc.
Il lit le journal.
« Arrêtez-vous, crie la maîtresse.
Nous y sommes.
Cherchez un endroit,
c'est ici que je vais
donner la leçon. »

« Leçon numéro un, dit Madame Laura.

Comment vivent les singes ?

Attention, je vais vous montrer. »

Elle s'approche d'un arbre.

Mais que fait-elle ?

Elle agrippe le tronc.

Elle se hisse dessus.

Elle grimpe sur une branche.

Elle a de la force !

Elle ose, ça alors !

« Regardez, nous crie-t-elle.

Maintenant je suis un singe !

Les singes vivent

dans les arbres.

Ils mangent des fruits. »

Toute la classe trouve ça étrange,

une maîtresse dans un arbre.

On ne voit pas ça si souvent !

Comme un singe, la maîtresse s'accroche

à une branche.

Sa casquette tombe sur le sol.

L'homme du parc

Voilà qu'arrive un homme.

Il porte également une casquette.

Elle a un beau bord doré.

Il travaille dans le parc, je crois.

Il regarde Madame Laura dans l'arbre.

« Vous ne pouvez pas faire ça ! dit l'homme.

Allez, descendez de là. »

« Il le faut vraiment ? » dit Madame Laura.

« Oui, c'est comme ça », répond l'homme.

Il est très fâché contre la maîtresse.

Elle descend de l'arbre.

L'homme la regarde.

« Vous ne pouvez pas faire ça ! » répète-t-il.

« Ah non ? dit Madame Laura.

Je ne savais pas. Je ne le ferai plus. »

Mais elle n'en pense rien.

On le voit bien.

L'homme s'en va.

« Quel enquiquineur ! » dit la maîtresse.
« Vous avez dit quelque chose ? »
demande l'homme.

« Je me demandais simplement si vous
aimiez les saucisses », dit la maîtresse.
L'homme se met à rougir.
« Vous vous moquez de moi ! »
Mais il continue son chemin.
Madame Laura lui tire la langue
et se met à loucher.
Je l'ai déjà dit :
notre maîtresse est un peu bizarre.

À la maison

Après l'école je rentre chez moi.
« Comment s'est passée ta journée ?
demande maman.
Et comment est ta maîtresse ? »
« Elle s'appelle Madame Laura, dis-je.
Elle nous donne des biscuits.
Elle grimpe aux arbres comme un singe.
Elle tire la langue et elle louche. »
Maman secoue la tête.
« Ta maîtresse a l'air bizarre. »
Je réponds : « Oui, je trouve aussi. »

La maîtresse danse

On ne s'ennuie pas avec Madame Laura.
Chaque jour, elle fait quelque chose de fou.
Elle met une plume dans ses cheveux.
Elle danse et tourne en rond.
« Écoutez-moi bien, dit-elle.
C'est une danse qui vient de très loin.
Une danse pour qu'il fasse beau.
Regardez dehors.
Ça marche ! »
En effet, il faisait gris dehors.
Et maintenant le soleil brille.
C'est bien un coup de Madame Laura !
« Dansez avec moi, dit-elle.
Pour qu'il fasse beau longtemps. »
On fait comme elle.
On danse dans la classe.
Madame Laura bat la mesure, puis elle dit :
« Retournez à votre place en dansant. »

Dans le potager de l'école

À l'école on a aussi un jardin potager.
Chaque enfant a une petite parcelle
avec de la salade ou du chou ou des haricots.
Le vendredi on va au jardin.
J'ai une petite pelle.
Nora est près de moi.
Elle a un seau et un râteau.
Le sol du potager est très sec.
Le soleil brille tous les jours.
Est-ce grâce à la danse de la maîtresse,
qui danse pour qu'il fasse beau ?
Je ne sais pas, c'est possible.
« Le sol est beaucoup trop dur,
dit Madame Laura.
On va changer ça.
Je prends le tuyau
d'arrosage.
Quelqu'un voit
un robinet ? »

« Là, dit Luc, au mur. »
La maîtresse prend
le tuyau.
Elle ouvre le robinet.

Madame Laura arrose ici et là
et en l'air juste au-dessus d'elle.
Tout le monde est mouillé.
« Regardez, dit-elle, le doigt en l'air.
Voyez-vous le jaune, le rouge,
le violet ? »
Elle a créé un arc-en-ciel.
Il est tellement beau.
Je ne sens plus que je suis mouillé !

Je ne veux pas aller à l'école

C'est chouette avec Madame Laura.
J'aime bien aller à l'école.
Mais aujourd'hui, je n'ai pas la tête à ça.
Je pense à mon poisson rouge.
Quand je suis sorti de mon lit,
je l'ai tout de suite remarqué.
Il flottait sur le dos.
Il était mort !

Papa a creusé un trou dans le jardin.

C'est pour mon poisson.

J'ai cherché une pierre, une qui brille.

Mon poisson est dans le jardin,
sous cette pierre.

« Je ne veux pas aller à l'école »,
dis-je en pleurant.

Papa dit : « Vas-y quand même. »

Je suis donc allé à l'école.

Mais j'attends de pouvoir rentrer.

La journée est si longue.

Je ne ris pas aux blagues de Madame
Laura.

Une chanson pour le poisson

« Attends, Cédric, dit Madame Laura,
alors que je m'apprête à quitter la classe.
Qu'est-ce qui se passe ?
Tu es si triste, si silencieux.
Ça ne te ressemble pas. »
La classe est vide.
Il ne reste que Madame Laura et moi.
Je ne dis rien, je n'y arrive pas.
Je me sens si triste.

« C'est une larme que je vois là ? »
demande la maîtresse.
« Non, non », dis-je.
Je balaie la larme de la main.
« Mon poisson est mort, dis-je.
Il flottait sur le dos dans son aquarium. »
« Viens ici », dit la maîtresse.

Elle me prend dans ses bras.

Elle sent le savon.

« Ton poisson avait-il un nom ? »

demande Madame Laura.

« Oui, dis-je.

Tom. Tom le poisson. »

« Tu sais quoi ? dit Madame Laura.

J'ai une bougie.

Je vais l'allumer pour Tom.

Et je vais chanter une chanson pour lui.

Où qu'il soit, il l'entendra. »

Elle prend la bougie et l'allume.

Elle chante une chanson, très jolie.

C'est une chanson de la mer.

Ça me calme.

Personne d'autre n'entend cette chanson.

Seulement moi et Madame Laura.

Et mon poisson ?

Laura le poisson

À la maison, je lance mon cartable
dans un coin.
« Tu es en retard, dit maman.
Papa a quelque chose pour toi.
Va vite le voir. »
« Papa ? »
« Je suis ici, Cédric ! » crie papa.
Je cours dans l'escalier.
Papa est près de l'aquarium,
l'aquarium de Tom.
Dans l'aquarium,
un poisson tourne.
« Tu es content ? »
demande papa.
« Oui », dis-je.
Papa demande :
« Sais-tu déjà comment
tu vas l'appeler ? »

Et je sais déjà son nom.
Je vais l'appeler Laura.
« Comme ta maîtresse ? dit papa.
Elle est un peu bizarre, non ? »

« Non, non, dis-je.

Ma maîtresse n'est pas bizarre.

Elle est gentille. »

« Gentille comme maman ? » dit papa.

« Presque, dis-je.

Presque aussi gentille. »

Un ami pour Rémi

La cabane de Rémi

« Où est Rémi ? » demande papa.

« Rémi ? dit maman.

Il est dans le jardin.

Il est dans sa cabane, depuis déjà une heure. »

« Il est fâché ? »

« Non, non, il réfléchit. »

Rémi a une cabane dans le jardin.

Sa cabane est en bois,

avec une porte et deux fenêtres.

Il y a même une cloche à l'entrée.

Rémi regarde par la fenêtre.

« Que vais-je faire ? se dit-il.

Ah, je sais !

Je vais jouer avec mon ballon.

Et puis non, je n'en ai pas envie.

Je vais lire mon livre.

Oh non ! c'est barbant de lire.

Je ne sais pas quoi faire.

Il voit alors quelque chose
dans un coin de la cabane.
C'est blanc.

Mais quel animal est-ce donc ?

C'est trop grand pour être une souris.

« Tu es un rat », dit Rémi.

« Piip », dit le rat.

Le rat sort d'un trou dans le sol.

Il a un collier autour du cou.

« Où habites-tu, Rat ? »

Le rat ne répond rien.

« Tu as faim ? »

« Piiip », répond le rat.

Ce rat est malin.

Rémi prend son sac.

Il a encore du pain dedans.

C'est une tartine au fromage.

« Ça, tu aimes bien, hein, Rat ? »

Le rat mange d'abord le fromage,

puis il grignote le pain.

Rémi est couché sur le ventre et le regarde.

Hé, ce rat avait vraiment faim.

« Tu as sans doute soif aussi.

Attends, reste là.

Je vais te chercher du lait. »

Mon ami le rat

Dans son lit,
Rémi pense au rat.
« Mon ami est un rat,
dit-il. J'espère qu'il
restera près de moi.
Qu'il viendra à l'école avec moi.
La maîtresse ne sera pas d'accord.
Il n'y a pas de rat en classe. »
Puis Rémi s'endort.
Il rêve d'un rat qui mange
proprement, avec un couteau
et une fourchette !

Rémi se lève très tôt.

Il prend du fromage et du lard dans le frigo.

Il prend une poire dans l'armoire.

Il se dirige vers sa cabane.

L'herbe est couverte de rosée.

« Pssst, dit-il. Rat, tu es encore là ?

J'ai du fromage et du lard pour toi.

Tu veux aussi un morceau de poire ? »

« Piiiip », dit le rat.

Le cœur de Rémi bat très vite.

Le rat est encore là, il n'est pas parti !

Il lui grimpe sur la main.

Puis sur son bras et sur sa tête.

« Tu es vraiment un malin, toi », dit Rémi.

Il caresse le pelage du rat.

Il sent le collier autour de son cou.

L'estomac de Rémi se contracte soudain.

« À qui est ce rat ? se demande-t-il.

Où est sa maison ? »

Il repose le rat par terre.

« Je dois partir maintenant.

Je dois aller à l'école.

Salut, Rat ! »

Un rat n'est pas sale !

Rémi joue avec son train.
Il doit bientôt aller au lit.
Papa lit le journal.
Maman regarde la télévision.
On voit des images d'un ruisseau.
Qu'est-ce qu'il y a dans l'eau ? Un rat...
On le voit de près.
« Quelle sale bête ! dit maman.
C'est sale, un rat, bouh. »
« Ce n'est pas vrai, crie Rémi.
Les rats sont gentils
et intelligents. »

« Comment sais-tu ça ? »
demande maman.
« Euh... » Rémi se met à rougir.
Il ne dit plus rien.
Il sort.
Il va dans sa cabane voir son rat.
« Si tu vois maman,
cache-toi vite, Rat.
Tu es gentil et intelligent,
mais maman ne comprend pas ça. »
« Piiiip », dit le rat.

Peur du chat des voisins

« Dis-moi, Rémi est souvent
dans sa cabane, dit papa.
Qu'est-ce qu'il y fait donc ? »
« Laisse-le faire, dit maman.
Quand j'étais petite, j'avais aussi une cabane.
Je restais là toute seule. J'étais bien.
Rémi est comme moi. »

Rémi n'est pas seul.
Il joue avec le rat.
Il lui apporte du pain et du jambon.
Il lui lit une histoire de son livre.
Le rat grimpe sur le pantalon de Rémi
ou dans la poche de son manteau.
A-t-il une idée derrière la tête ?
Rémi demande :
« Tu veux aller te promener ?
C'est ça, ton idée ? »
« Piiiip », dit le rat.

Rémi entre dans le jardin,
le rat dans sa poche.
On voit sa petite tête qui dépasse.
L'animal regarde autour de lui.
Sur un mur, se tient le chat des voisins.
Le rat voit le chat, le chat voit le rat.
Le chat siffle et se hérisse.
Le rat saute de la poche de Rémi.
Affolé, il court vers la cabane.
« Non, Rat, pense Rémi.
Ce n'est pas une bonne idée. »

La lettre de la fille

Papa est devant la fenêtre.

« Tu la connais ? » demande-t-il.

« Qui ça ? » dit maman.

« Cette fille là-bas dans la rue.

Elle va de maison en maison.

Elle met à chaque fois une lettre

dans la boîte. »

« Non, dit maman.

Tu la connais, Rémi ?

Tu es à l'école avec elle ? »

Rémi ne la connaît pas.

La fille s'approche de leur porte
et glisse une lettre dans la boîte.

Papa la ramasse.

« Elle a perdu son animal domestique, lit-il.

Ce n'est pas un chien ou un chat.

Elle cherche... son rat.

Couleur : blanc. »

Le cœur de Rémi s'arrête presque de battre.

« Un rat ? dit maman en faisant la grimace.

Ici chez nous ou dans le jardin ?

Bouh, j'espère que non ! »

Profitant que personne ne le regarde,
Rémi prend discrètement la lettre.
Il la lit dans sa cabane.
Le rat est sur ses genoux.
La lettre dit :

Qui sait où se trouve mon rat ?

Il est parti alors que j'avais le dos

tourné.

Il est blanc et gentil.

Il s'appelle Rat.

Je m'appelle Zoé.

Appelez le 6-5-2-6-3-4.

Celui qui le trouve

gagnera un sac de bonbons.

Toc toc toc.

Papa passe la tête par la porte de la cabane.

Rémi cache vite le rat.

« Il y a de la soupe, dit papa. Tu viens ? »

« Je n'ai pas faim », dit Rémi.

« Allez, viens quand même, dit papa.

Hé, quelque chose ne va pas ?

Tu es tout pâle. »

« J'ai mal au ventre », dit Rémi.

Rémi téléphone

Rémi est au lit.

Il regarde par la fenêtre.

Il regarde la nuit, la lune.

« Ce rat n'est pas à moi, pense Rémi.

Il est à Zoé.

Mais il est mon ami.

Qu'est-ce que je dois faire ?

J'appelle ou je n'appelle pas ? »

Il réfléchit longtemps.

Puis il se décide.

« Oui, je vais le faire », pense-t-il.

Puis il s'endort profondément.

Rémi téléphone.

6-5-2-6-3-4.

« Allô, Zoé à l'appareil. »

Rémi a du mal à parler.

« Il... il te manque...

ton... rat ? »

Rémi n'entend rien.

« Tu es toujours là ? »

« Oui oui, répond la fille.

Il me manque très, très fort. »

« Je sais où il est », dit Rémi.

Il court à sa cabane.
Il prend le rat.
Il lui caresse le dos.
« Zoé arrive, Rat.
Elle vient te chercher.
Même quand tu seras parti,
je penserai toujours à toi.
Tu restes mon ami.
Tu comprends ? »
« Piiip », dit le rat.
Rémi le caresse encore.
« C'est bien si tu
comprends ça. »

Zoé vient chercher le rat

On sonne.
Maman va ouvrir la porte.
Il y a une fille sur le perron.
Elle porte un sac de bonbons.
« Je viens pour le rat », dit-elle.
« Un rat, chez nous ? »
« Laisse, maman, dit Rémi.
Je sais pourquoi elle est là.
Entre, Zoé. »

Zoé suit Rémi
dans le jardin.
« Il est dans ma cabane, dit-il.
Tu as une cage ? »
« Non, ce n'est pas nécessaire.
Je le mets dans mon manteau. »
Rémi pense au chat des voisins.
« Fais quand même attention », dit-il.
Zoé met le rat dans son manteau.
Elle donne le sac de bonbons à Rémi.
« C'est pour toi, tu aimes les bonbons ? »
Rémi fait oui de la tête.

« Salut, Rat, dit Rémi.

Salut, mon ami, tu me manques déjà. »

Rémi a vraiment l'air triste.

Zoé met sa main sur son bras.

« Tu pourras venir le voir.

J'habite tout près. »

« C'est vrai ? » demande Rémi.

« Viens quand tu veux, dit Zoé.

Maintenant, ce n'est pas un ami

que j'ai mais deux ! »

« D'accord ! dit Rémi tout content.

Dis, Zoé, tu veux un bonbon ? »

Une sorcière dans ma rue

Une drôle de maison

Fée prend son cartable.
Il est huit heures.
Elle doit aller à l'école.
« Papa, tu seras à la maison
quand je rentrerai de l'école ? »
« Oui, oui, je serai là, dit papa.
Enfin, je ferai mon possible. »
« C'est ça, se dit Fée.
Hier aussi il allait faire son possible,
mais j'ai attendu devant la porte ! »

« J'y vais, papa. »
« Bonne journée, chérie, travaille bien. »
Fée ferme la porte.
L'école n'est pas très loin.
Elle traverse la rue, elle tourne au coin.
Toutes les maisons ressemblent
à celle de Fée, sauf une.

La porte est verte.

La peinture s'écaille.

Le chat à la fenêtre n'a qu'un œil.
Son œil est tout jaune.
En plus, c'est un chat noir.
Dans cette maison habite une sorcière.
Fée la voit parfois dans la rue.
C'est une drôle de dame, un peu effrayante.
Elle a des cheveux rouges et un chapeau.
Fée accélère le pas.
Le chat la suit du regard.

Fée frissonne.
Drôle de maison,
drôle de personne.
Et ce chat...
Il lui fiche aussi la frousse.
Elle pense souvent à la dame.
Tiens, une Fée et une sorcière,
dans la même rue.
C'est fou.

Un jour, Fée a fait un rêve.

Elle était dans la maison de la sorcière.

Elle ne pouvait pas en sortir.

Le chat la regardait

avec son œil jaune-orange comme le feu.

Papa passait à côté d'elle.

Il était à sa recherche.

Elle criait, mais il passait sans la voir.

Puis arriva la sorcière.

Elle avait un grand couteau dans les mains.

Le reste, Fée ne s'en souvient plus.

C'était un cauchemar terrifiant.

Envie de glace

Fée rentre de l'école.
Papa est déjà là, rentré à temps.
Il travaille dans le jardin.
Il sifflote une chanson.
« Il fait si beau, dit papa.
J'ai pris une journée de congé.
Je pourrai tondre la pelouse,
couper la haie
et nettoyer la gouttière.
Bon sang, il fait trop chaud.
La sueur me colle au dos. »

Papa souffle et soupire.

« Tu sais de quoi j'ai envie ?

J'ai envie d'une glace !

On va en acheter ? »

Fée le regarde.

« Tu changes de pantalon ?

Il est horrible, ce pantalon. »

« Mais non, moi je l'aime bien », dit papa.

« Non, tu vas passer pour un fou.

Et moi aussi, à côté de toi. »

Pendant que papa se change,

Fée prend déjà son vélo.

Il y a du monde en ville !

Fée met son cadenas.

Elle range son vélo à côté de celui de papa.

Elle marche derrière lui.

Mais soudain, il disparaît.

« Papa ? Papa ? »

Fée regarde autour d'elle.

« PAPA ! »

Mais rien, elle ne le voit pas.

Elle se frotte les yeux.

Des larmes sont en train de couler.

Fée sent quelqu'un lui tapoter sur l'épaule.

Elle se retourne.

Elle crie.

C'est... la sorcière !
Vite, Fée veut s'enfuir.
Mais pour aller où ?
« Bonjour, ma petite fille,
dit la sorcière.
Je te connais.
Tu habites près de chez moi.
Tu as perdu ton papa ? »
Sa voix est douce,
ni méchante ni effrayante.
Elle est juste un peu enrouée.

« Je peux rester avec toi, dit la sorcière.

On attendra ton papa ensemble, d'accord ?

Donne-moi la main. »

Fée renifle et hoche la tête.

Elle attend avec la sorcière.

Voici papa qui arrive.

Fée le regarde, fâchée.

« Je t'ai cherché partout. »

Papa répond : « Pardon, ma chérie,

je n'étais pas bien loin.

J'achetais le journal. »

La sorcière lui tend la main.

« Bonjour, je m'appelle Greta.

J'habite à côté de chez vous dans la rue. »

« Je vous connais, dit papa.

Vous avez un chat qui n'a qu'un œil.

Je m'appelle Pierre, et voici Fée.

Dites, vous voulez aussi une glace ? »

« Merci, dit la sorcière.
Mais j'en ai déjà mangé deux.
Au revoir, Fée, viens me voir
quand tu veux. »

Fée se décide

Papa est très gentil,
mais il est parfois si lent.
Et aujourd'hui, il remet ça !
L'école est finie.
Fée est devant la porte.
Elle attend papa.
Soudain lui vient
une idée.
Osera-t-elle ?
Oui, elle ose !
Elle n'a plus peur.

Fée écrit un mot.

« Salut, papa.

Je suis chez la sorcière.

Fée »

Elle barre « la sorcière »

et met « Greta ».

Elle glisse le mot dans la boîte aux lettres.

Elle traverse la rue,

vers la maison de la sorcière.

Dring dring, la sonnette retentit.

Voici la sorcière (enfin, Greta).

« Je peux venir chez toi ?
demande Fée.
Papa n'est pas rentré. »
« Pas de problème,
dit Greta.
Tu veux du thé ?
Assieds-toi, Fée.
Je prépare le thé. »
Fée regarde autour d'elle.
Une horloge fait tic tac.
Il y a aussi une grande plante.
Et dans une armoire,
il y a une boule en verre.

Les deux font la paire

Greta est occupée dans la cuisine.
Fée se lève de sa chaise
et s'approche de l'armoire.
Elle prend la boule sur l'étagère.
Elle est lourde !
C'est une vraie boule de sorcière.
Le cœur de Fée bat très vite.
Ce serait donc vrai ?
Greta est vraiment une sorcière.
Mais une gentille ?
Fée regarde dans la boule.

Elle ne voit que son nez, très grand,
et son œil, en tout petit.
« Elle est belle, hein ? » dit la voix de Greta.
Fée sursaute.
La boule tombe sur le sol.
Elle n'est pas cassée.

« Ce n'est rien, dit Greta.
C'est du verre épais. »
« Je pensais... » dit Fée.
Elle a honte.
« Je pensais que tu...
étais... une sor... »

« Moi, une sorcière ? dit Greta.

Non, mais si seulement j'en étais une.

Je serais tellement heureuse !

J'aurais une baguette magique.

Et paf ! j'aurais un mari.

Un tout beau, tout gentil,

et qui ferait ce que je lui dis. »

Greta ramasse la boule.

« J'ai reçu cette boule d'un ami

que je ne vois plus.

Mais j'ai gardé sa boule. »

Soudain, Greta éclate de rire.

« Je nous vois déjà toutes les deux !

Une Fée et une sorcière.

On ferait la paire ! »

Fée se met à rire à son tour.

« Oui, on va bien
ensemble, toutes
les deux ! »

Au revoir Fée, au revoir Greta

« J'adore ta maison », dit Fée.

Elle boit une gorgée de thé.

« Merci beaucoup, dit Greta.

Je l'aime beaucoup aussi. »

« C'est toi, là ? » demande Fée.

Elle montre une photo au mur.

Greta fait oui de la tête et soupire.

« Eh oui, quand j'étais jeune et jolie.

Je chantais et je donnais des concerts.

Toute seule, parfois avec une chorale.

Puis je suis tombée malade.

Mal à la gorge, c'était très grave.

Et maintenant ma voix est cassée.

Il n'y a plus rien à faire. »

« C'est affreux », dit Fée.

« C'est la vie », dit Greta.

« Ce n'est pas si grave.

Quand je chantais,

je menais une vie de dingue.

Je n'avais jamais le temps

de faire quoi que ce soit.

Aujourd'hui, je l'ai...

le temps de boire une tasse de thé avec Fée ! »

« Eh, ça rime ! » dit Fée.

« Oui, dit Greta, ça rime.

J'ai remarqué aussi.

Tu veux encore un biscuit ? »

Greta se lève.

« Dis, ma chérie, ton papa est rentré.

Il t'attend, je crois.

Va le rejoindre, maintenant.

Mais reviens vite me voir.

Si tu ne le fais pas...

je te transforme en crapaud.

Je suis une sorcière,

tu l'as dit toi-même...

Au revoir, Fée. »

« Au revoir, Greta,

à bientôt. »

Lucie veut un grand frère

Les méchants

« Stop ! »
Steph lève la main.
Ben montre le sol.
« Descends de vélo ! »
Lucie descend de son vélo.
C'est toujours sur elle que ça tombe.
Elle est petite et elle a des lunettes.
C'est parce qu'elle louche un peu.
Elle a aussi les cheveux en bataille.
C'est à cause de ça.
C'est clair.
« Arrêtez de m'ennuyer », dit Lucie.
Elle veut être courageuse.
Mais sa voix tremble.
« Tu pleurniches déjà ? » demande Steph.
Il pousse Ben du coude.
« C'est même pas vrai, dit Lucie,
je ne pleure pas. »

Mais elle a des sanglots dans la voix.
Comment est-ce possible ?
Steph donne un coup de coude à Ben.
« Eh oui, t'as vu, elle pleurniche.
Quel bébé ! »

« Snif snif... »
Ben tire sur le vélo de Lucie.
Son sac tombe.
En plein dans une flaque !

Ben donne un coup de pied dans le sac.

Il s'ouvre.

Ses devoirs s'envolent.

« Au revoir, les petits devoirs », dit Steph.

Ben la pousse encore.

Lucie attend qu'ils soient partis.

Puis elle ramasse son sac.

Elle rentre à la maison à vélo.

Il y a beaucoup de vent.

Mais elle ne le remarque même pas.

À la maison, elle fait sécher ses devoirs
devant la fenêtre.

Il y a du soleil, ça ira vite.

Ah, si elle avait un frère !

Un grand, un costaud.

Mais elle n'a qu'une petite sœur.

C'est chouette, une petite sœur.

(Oui, enfin, pas toujours !)

Mais quand tu te fais ennuyer par
un gugusse, elle ne peut pas t'aider.

De retour à l'école

Lucie est en classe.
Elle regarde par la fenêtre.
Soudain elle entend son prénom.
C'est la maîtresse.
« Lucie, tu veux bien faire ce calcul ?
Tu n'es pas avec nous, n'est-ce pas ?
Quelque chose ne va pas ? »
« Si, si, Madame, tout va bien. »
Elle l'a dit un peu trop vite.
« Alors, regarde au tableau »,
dit la maîtresse.

Un frère en Laponie

Il est trois heures.
L'école est finie, et ça recommence.
Les méchants l'attendent déjà.
« Stop ! dit Steph.
Donne-nous de l'argent.
Sinon, tu n'iras pas plus loin. »
« Ah ah », rit méchamment Ben.
« Laissez-moi tranquille ! »
Lucie crie.
Elle est très fâchée.
« Si vous ne me laissez pas tranquille,
je... J'appelle mon frère. »
Elle a dit ça d'un coup.
« Il est grand et fort.
Et il vous rouera de coups,
rien qu'avec une main.
Il ne fera qu'une bouchée de vous. »
Steph renifle.

« Mais arrête ton char.
Tu n'as qu'une petite sœur.
Elle n'a que cinq ans,
comme mon frère Thomas.
Toi, un frère ? C'est ridicule,
ça ne marche pas avec nous. »

« Si, c'est vrai ! crie Lucie.

Mais il n'est pas souvent à la maison.

Il est toujours en voyage.

Il construit un pont en Espagne

ou bien il coupe du bois en Laponie.

Parfois il construit une route

au pôle Nord, ou... »

« C'est ça, c'est ça, ricane Steph.

Continue de rêver, idiote.

Un frère ?

Bah, je demande à voir. »

Mais il ne lui fait rien cette fois-ci.

Il s'éloigne.

Ben le suit.

Steph lui crie encore quelque chose.

Mais Lucie n'entend pas.

À la recherche d'un frère

Lucie monte sur son vélo.

Elle rentre chez elle.

Ce n'était pas très malin, elle le sait.

« Je me suis bien vantée,

mais je n'ai pas de frère.

Maintenant, il faut que j'en trouve un.

Je dois chercher. »

Lucie met son vélo dans la remise.

Elle accroche sa veste au portemanteau.

« Allez, vas-y !

Aaah, raté ! »

C'est la voix de papa.

« Eh, salut papa ! dit Lucie.

Laisse-moi la place.

C'est à moi maintenant. »

« Mais je gagne ! » crie papa.

« C'est pour l'école », ment Lucie.

(Même si c'est un peu vrai...)

Lucie tape :

« Je cherche un frère.

Es-tu costaud (grand et fort) ?

Tu n'as pas de sœur,
mais tu voudrais en avoir une ?
Alors tu peux être mon frère !
En échange tu auras de la glace.
Tant que tu voudras.
Je m'appelle Lucie. »
Elle imprime un tas
de petites cartes.
Elle les met dans un sac.
Ah, de l'argent
maintenant.
Où est papa ?
Papa est debout sur un escabeau.
Il change une ampoule.
« J'ai fini, papa.
Aurais-tu cinq euros pour moi ? »
« Pour quoi faire ? » demande papa.
« Je te le dirai plus tard.
Donne-les-moi, s'il te plaît, je suis pressée. »
Papa cherche l'argent dans sa poche.
« Merci, dit Lucie, à tout à l'heure ! »

Une idée stupide !

Lucie va et vient sur la place,
ses cartes à la main.
À qui doit-elle en donner ?
À celui-ci ?
Il est aussi petit qu'elle.
Il ne lui faut pas un frère comme ça.
Celui-là ?
Oui, lui ce serait bien.
Il a une veste en cuir rouge.
Il fait des bulles avec son chewing-gum.
Elle lui donne une carte.
« Tiens, lis ça », dit-elle.
Il lit sa carte.
« Non, dit-il.
J'ai déjà deux sœurs.
Et c'est trop. »
Et il poursuit son chemin.
Elle distribue presque toutes ses cartes,
mais personne ne veut devenir son frère.

Lucie est furieuse.
« C'est vraiment difficile !
Quelle idée stupide j'ai eue ! »
Elle a encore une carte.
Pour qui ?

Le géant

Soudain, elle le voit,
alors qu'elle s'apprêtait à rentrer.
Il se tient près d'un arbre.
Sa tête touche presque la branche,
tellement il est grand.
On dirait un géant.
Lui, elle le voudrait bien comme frère,
parce qu'il est très fort.
Lucie s'approche de lui.

« Bonjour », dit-elle.

« Bonjour », dit le géant.

Elle lui donne la carte.

« Lis, s'il te plaît, dit-elle.

Je crois que c'est quelque chose pour toi. »

« Non », dit le géant.

Il lui rend la carte.

« Tu ne veux pas ? » dit Lucie tristement.

« Je voudrais bien, dit le géant.

Mais je ne peux pas.

Je ne lis aucun livre, aucun magazine.

Je ne sais pas lire. »

« Comment est-ce possible ? »

Le garçon regarde par terre.

« À l'école je ne suis pas très fort.

Je ne suis bon en rien.

Il y en a peut-être un dans ta classe,

un qui ne comprend rien.

Bon en gym, mais nul partout ailleurs.

Eh bien, dans ma classe, c'est moi. »

« Je t'apprendrai, dit Lucie.

Moi je lis assez bien.

Je t'apprendrai d'abord poisson et ballon.

Le reste viendra tout seul.

Veux-tu devenir mon frère ?

Alors, je serai ta sœur.

Ça te plairait ? »

« Oui ! dit le géant. C'est génial. »

De la glace pour deux

Lucie est assise à côté du géant.
Ils sont sur un banc au soleil.
Elle mange une glace.
Le géant mange une montagne de glace.
« Dis, géant, dit Lucie.
Je ne sais même pas
comment tu t'appelles. »
« Je m'appelle Dan, dit-il.
Mais appelle-moi géant, je préfère.
Maintenant tu es ma sœur. »
« Eh oui », dit fièrement Lucie.
Hé, qui va là ?
C'est Steph.
Il reste là.
Il regarde, encore et encore.
Il fait une drôle de tête !
« Tu connais ce gugusse ? demande Dan
le géant. Il nous regarde bizarrement. »

« C'est Steph, dit Lucie. Il te regarde
et il pense : celui-là est costaud. »

« Costaud, moi ? dit le géant Dan.
Je ne me sens fort que quand je **lis**. »
Lucie lèche encore une fois sa glace.
« Ça tombe bien, frangin.
Je m'en occupe ! »